국립생태원은 한반도 생태계를 비롯하여 열대, 사막, 지중해, 온대, 극지 등 세계 5대 기후와 그곳에서 서식하는 동식물을 한눈에 관찰하고 체험할 수 있는 생태 연구·교육·전시 종합 기관입니다. 국립생태원 출판부(NIE PRESS)는 소중한 생태 정보와 이야기를 엮어 유아부터 성인, 전문가에 이르는 다양한 독자를 위한 책을 만들고 있습니다.

정보 제공 및 내용 감수에 참여한 **국립생태원 연구원**
김백준, 나성진, 이수길

에코스토리 09 국립생태원이 들려주는 **멸종 위기종 관리** 이야기
아슬아슬 사라지는 동물

발행일 2017년 9월 1일 초판 1쇄 발행 | 2022년 9월 5일 초판 4쇄 발행
글 장기선 | **본문그림** 오동 | **부록그림** 박소영

발행인 조도순
책임편집 김웅식 | **편집** 유연봉 이규 천광일 전세욱 | **구성·진행** 강승연 정재윤 조현민
아트디렉터 신은경 | **디자인** 디자인아이(양신영 진선미) | **사진** 국립생태원 Shutterstock
발행처 국립생태원 출판부 | **신고번호** 제458-2015-000002호(2015년 7월 17일)
주소 충남 서천군 마서면 금강로 1210 / www.nie.re.kr
문의 041-950-5999 / press@nie.re.kr

ⓒ 국립생태원 National Institute of Ecology, 2022
ISBN 979-11-88154-11-1 74400
    979-11-88154-02-9(세트)

※ 이 책에 실린 모든 글과 그림을 저작권자의 허락 없이 무단으로 사용하거나 복사하여 배포하는 것은 저작권을 침해하는 것입니다.
⚠ 주의 다칠 우려가 있습니다. 본 교재를 던지거나 떨어뜨리지 않도록 주의하십시오. 고온 다습한 장소나 직사광선이 닿는 장소에는 보관을 피해 주십시오.

09 멸종 위기종 관리

아슬아슬 사라지는 동물

글 장기선 그림 오동 감수 국립생태원

국립생태원
NIE PRESS

"자, 여기가 바로 국립생태원이야. 정말 크지?"
여명이와 민수, 호준이가 국립생태원에 이모를 만나러 왔어요.
곧 있을 어린이 환경 영상 공모전을 준비하는데
이모가 도와주기로 했거든요.
여명이의 이모는 국립생태원 연구원이에요.

"이모, 여기예요!"
"우리 여명이, 안 본 사이에 볼이 더 통통해졌네."
"안녕하세요, 이모. 초대해 주셔서 감사합니다!"
셋은 소풍 나온 듯 왁자지껄 신이 났어요.
"자, 그럼 들어가 볼까?"

아이들은 이모를 따라 생태원으로 들어갔어요.

"우아, 엄청 넓어요. 이모는 여기에서 뭘 연구하세요?"

"나는 세계 여러 지역의 멸종 위기 동물을 연구하고 있지. 너희들 멸종 위기 동물에 대해 알고 있니?"

"멸종이라는 건 사라져서 없어진다는 거죠?"

여명이가 말했어요.

"잘 알고 있네. 생물들은 기후가 갑작스럽게 변하거나 생태계가 파괴되어 번식하지 못하면 사라지게 돼.

그런데 몇백 년 전부터 생물들의 멸종 속도가 빨라져서 전 세계적으로 멸종 위기에 처한 동물은 1만 5,600종이 넘는단다."
"이모, 그럼 생태원에도 멸종 위기 동물이 있어요?"
호준이가 물었어요.
"그럼, 생태원에도 있지. 이제부터 함께 둘러보자."

전 세계 멸종 위기 동물

멸종 위기 동물은 어떻게 분류하나요?
세계 자연 보전 연맹(IUCN)에서는 동물들을 멸종 위기의 정도에 따라 여러 등급으로 나누어 관리해요. 우리나라에서도 개체 수가 눈에 띄게 줄어들어 멸종 위기에 처한 야생 동식물을 1급, 오래지 않아 멸종 위기에 처할 우려가 있는 야생 동식물을 2급으로 나누어 관리하고 있어요.

가장 먼저 만난 멸종 위기 동물은 삵이에요.
"삵은 왜 멸종 위기 동물이 되었어요?"
"삵은 원래 들판과 산에 주로 머무르면서
농가 주변 가까이 살아서 어렵지 않게 볼 수 있었어.
그런데 일본이 우리나라를 지배하던 때부터 1970년대까지
산업화가 되면서 산과 숲이 줄어들게 되었지."
그때 호준이가 끼어들어 말했어요.
"아, 그래서 삵이 살 곳이 많이 없어지게 된 거군요?"
"맞아. 이때부터 살 곳이 줄어들면서
덩달아 삵의 개체 수도 줄어 멸종 위기에 놓이게 되었단다.
그리고 최근에는 삵이 다니던 길이 도로로 바뀌면서
주로 인적이 드문 밤에 활동하는 삵이
도로에서 로드킬*을 당하는 일이 늘어났어."
이모의 말을 들은 아이들 표정이 어두워졌어요.

***로드킬** 노루, 고라니 등의 야생 동물들이 먹이를 구하거나 자리를 옮기다가
도로에 갑자기 뛰어들어 달리는 차에 치여 죽는 것을 말해요.

삵이 뉴트리아를 잡아먹는다고요?

가축을 잡아먹어 피해를 주는 삵이 생태계 교란 야생 동물인 뉴트리아를 잡아먹는다는 사실이 밝혀졌어요. 국립생태원에서는 1,390여 개의 삵 배설물을 관찰하여 배설물 속에서 뉴트리아 사체의 일부를 발견했어요. 뉴트리아의 개체 수를 줄이고 삵을 멸종 위기에서 벗어나게 하려는 국립생태원의 연구가 계속되고 있답니다.

"이모 말 듣고 기분이 우울해진 것 같은데 어쩌나?
그럼 이번에는 귀여운 고라니를 보러 가 볼까?"
아이들은 이모를 따라 '사슴생태원'으로 갔어요.
사슴생태원에는 넓은 풀밭이 펼쳐져 있었어요.
"이모, 그런데 고라니가 왜 멸종 위기 동물이에요?
우리나라에서는 많이 볼 수 있잖아요."
호준이가 물었어요.

"고라니가 국제적으로 멸종 위기에 처한 이유는
바로 고라니가 우리나라와 중국에서만 살고 있기 때문이야.
이런 것을 '서식지 제한'이라고 하는데, 사는 곳이 적다 보니
전 세계적으로 개체 수가 적어서 귀하게 여겨지기 때문에
더 잘 보호해야 하는 거야."
아이들은 고개를 끄덕였어요.

우리나라에서도 고라니 수가 줄어드는 다른 이유가 있나요?
고라니는 아직 우리나라에서는 멸종 위기종으로 지정되지 않았지만, 세계 자연 보전 연맹(IUCN)에서는 멸종 위기에 처할 가능성이 높은 상태로 분류되었어요. 하지만 우리나라에서도 해마다 로드킬로 고라니의 개체 수가 점점 줄어들고 있어, 고라니를 보호하기 위한 대책을 마련해야 한답니다.

그때 저쪽에서 사람들이 바쁘게 움직였어요.
아이들은 무슨 일인가 하고 서둘러 달려가 보았지요.
"어머, 고라니가 다쳤나 봐!"
아이들이 다친 고라니를 보고 깜짝 놀랐어요.
"고라니가 도로를 지나다가 자동차랑 부딪쳤는데,
다행히 넘어져서 생긴 상처만 치료하면 된다는구나."
고라니는 다리를 다쳐서 잘 일어서지도 못하는데
도망가려고 안간힘을 썼어요.

생태원 수의사 선생님이 고라니의 다친 다리에
약을 바르고 붕대를 감아 주었어요.
"고라니가 로드킬을 당하는 경우도 많다고 하던데
크게 다치지 않아서 정말 다행이에요."
아이들은 그제야 마음을 놓았어요.

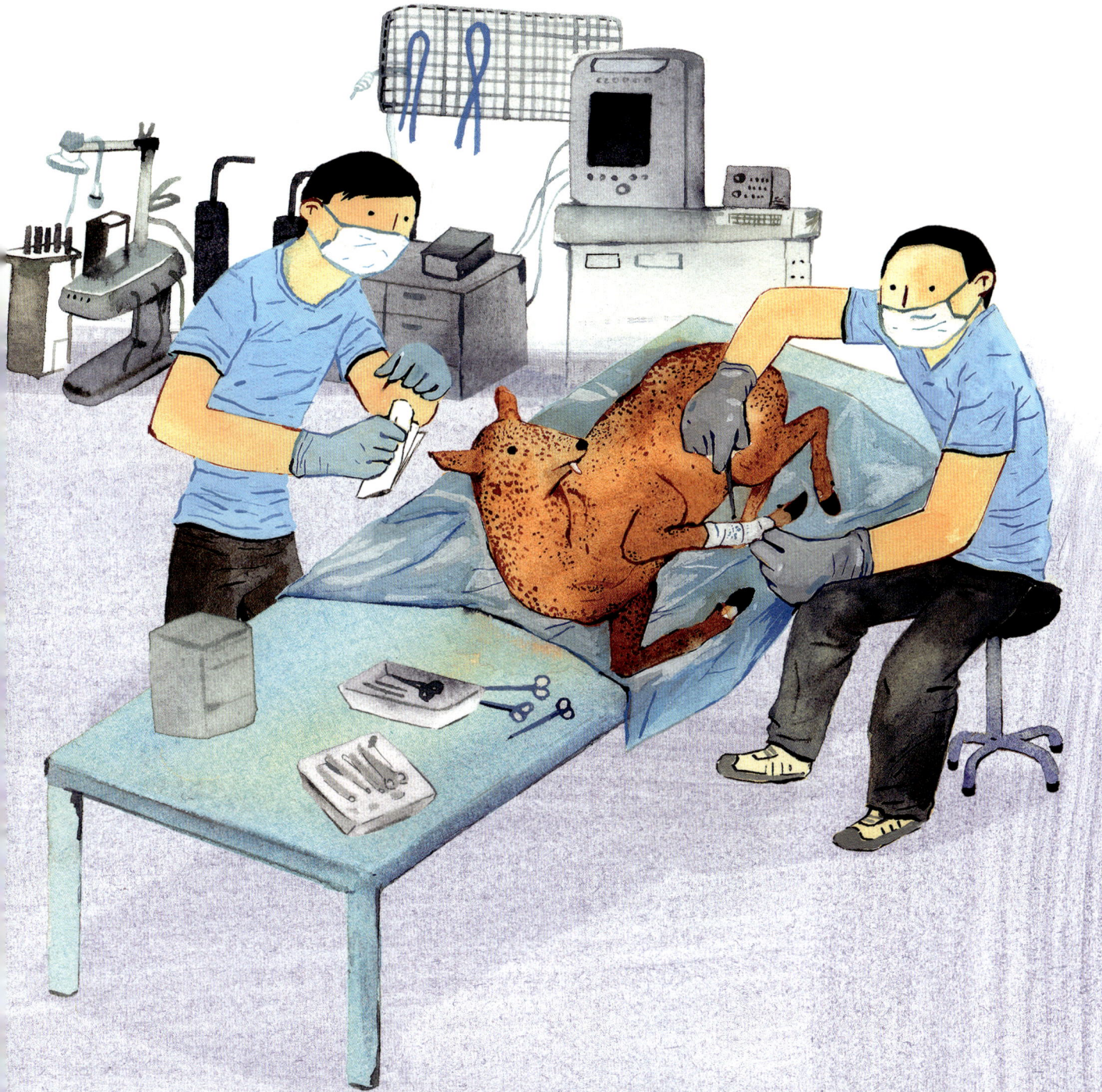

"자, 그럼 이번에는 하늘의 멋진 사냥꾼을 만나러 가 볼까?"
아이들은 어떤 동물일까 궁금했어요.
"우아, 진짜 멋지다!"
아이들은 누가 먼저랄 것도 없이 소리를 질렀어요.

눈앞에는 위풍당당한 모습의 검독수리가 있었어요.

검독수리는 다른 독수리와 달리 몸 빛깔이 더 갈색으로 보이고

황금색이 도는 뒷목은 반짝반짝 빛이 났어요.

"너희가 봐도 멋지지?

이 멋진 검독수리를 사람들이 몰래 사냥하고,

숲이 사라지면서 검독수리가 살 곳을 잃게 되어서

점점 그 수가 줄어들게 되었어.

그래서 2012년에 멸종 위기 야생 동식물 1급으로 정해졌지."

아이들은 검독수리가 날개를 펼치고 사냥하는 모습을 상상해 보았어요.

멸종 위기 검독수리가 자연 번식에 성공했다고요?
2015년에 제주 한라산에서 어미 검독수리와 1년생으로 보이는 어린 검독수리가 한라산 계곡 위를 날고 있는 것이 발견되었어요. 멸종 위기 동물의 어미와 새끼가 함께 있다는 사실은, 멸종 위기 동물이 48년 만에 처음으로 자연 번식에 성공했다는 걸 나타내는 것으로 매우 큰 의미가 있답니다.

"어, 저건 검독수리랑 다르게 생겼네요."
"이건 그냥 독수리야. 이름은 금강이란다.
날개를 다친 금강이의 엄마 아빠가
나는 법을 가르쳐 줄 수가 없어서
생태원에서 금강이에게 비행 훈련을 해 주었지."
금강이는 넉 달 동안 일주일에 서너 번, 한 시간씩 훈련을 했대요.
그리고 이제 금강이는 100미터(m)는 거뜬히 날 수 있어요.
또 나중에 자연에서 혼자 살아갈 수 있도록
말똥가리 같은 다른 맹금류*와 살면서 야생 적응 훈련도 하고 있지요.
멸종 위기 동물을 만날수록 아이들은
또 어떤 동물을 만나게 될지 궁금했어요.

*__맹금류__ 날카로운 부리와 발톱을 가지고 있는 육식성 새들을 뜻하는 말이에요.

자연으로 돌아간 독수리는 어떻게 관찰할까요?
국립생태원에서는 비행 훈련과 야생 적응 훈련을 받은 독수리의 몸에 위치 추적 시스템을 붙여 자연으로 돌려보냈어요. 독수리에게 부착한 위치 추적 시스템을 활용해 어린 독수리가 잘 살아 있는지 확인하고, 지나다니는 길을 연구하고 조사하는 것은 물론 독수리가 살아가는 환경에 대해서도 연구를 한답니다.

이모를 따라 에코리움 사막관으로 간 아이들은
작고 귀여운 사막여우를 보았어요.
사막여우는 굉장히 예민해서 작은 소리에도 잘 놀라기 때문에
특별히 더 조용히 해 달라고 이모가 부탁했어요.
"사막여우는 어떻게 멸종 위기 동물이 되었어요?"
여명이가 속삭이며 물었어요.

"사막여우는 작고 귀여운 외모 때문에
애완용으로 키우고 싶어 하는 사람들이 많았어.
또 사막여우 털로 외투를 만들어 입으려는 사람들이
마구 잡아들이는 바람에 멸종 위기 동물이 되었지."
"이제 모피 코트 같은 건 절대 입지 말라고
엄마한테 말씀드려야겠어요."
호준이가 주먹을 불끈 쥐고 말했어요.

사막여우는 어떻게 국립생태원에 오게 되었을까요?
사막여우를 국제적으로 거래하는 것은 제한적으로만 허용이 돼요. 그런데 법을 어기고 사막여우를 몰래 들여오려던 밀수꾼이 붙잡히면서 사막여우가 국립생태원으로 오게 되었어요. 17마리 가운데 12마리가 이동 과정에서 죽고 5마리만 남았는데, 국립생태원에서 에코리움 사막관을 단장해 사막여우의 터전을 마련해 주었고, 건강하게 새끼도 낳았다고 합니다.

이모와 아이들은 휴게실에 자리를 잡았어요.
아이들은 생태원을 둘러보는 동안 궁금한 게 더 많아졌어요.
"그런데요 이모, 지금까지 만난 대부분의 동물들은
사람 때문에 멸종 위기에 놓인 것 같아요."
민수가 심각한 얼굴로 이모에게 말했어요.
"지구의 환경이나 기후가 변하게 되면
거기에 적응하지 못하는 동물들은 멸종을 하게 돼.
그런데 지금은 민수 말처럼 사람 때문에 환경이 파괴되고
이로 인해 동물들이 멸종 위기에 빠지게 되어서 큰 문제란다."
아이들은 사람이 나쁜 짓을 하는 것 같아서 마음이 무거웠어요.

"이모, 오늘 도와주셔서 정말 감사합니다!"
오랜 시간 자리를 비웠던 여명이 이모는 다시 일하러 들어가셨어요.

동물이 멸종되는 이유

첫째, 함부로 동물을 잡아들이는 사람 때문이에요.

둘째, 자연환경을 무리하게 개발해 동물들이 살 곳이 없어졌기 때문이에요.

셋째, 자연을 함부로 이용해서 생긴 환경 오염 때문에 동물들이 살기 힘들어졌기 때문이에요.

생태원 조사를 마치고 아이들은 집으로 돌아왔어요.
"이제 우리가 어떤 동영상을 만들지 의논해 보자."
아이들은 아이디어를 내놓느라 한바탕 야단법석이었어요.
호준이는 생태원을 둘러본 순서대로
멸종 위기 동물을 소개하자고 했어요.
민수는 세계 멸종 위기 동물들 사진도 꼭 넣자고 했지요.

"그런데 멸종 위기 동물들을 보호하기 위해
사람들이 할 수 있는 일은 뭐가 있을까?"
민수의 말에 아이들은 다시 조용해졌어요.
"가장 먼저 해야 할 일은 작은 생명이라도 소중히 여기고
사라져 가는 동물들을 보호하는 거야."
여명이가 진지하게 한마디 거들었어요.
셋은 시간 가는 줄 모르고 이야기를 나누었지요.

어린이 환경 영상

아슬아슬 사라지는 동물

만든 사람 이여명, 김호준, 이민수

2:24 / 18:33

세계 자연 보전 연맹(IUCN) 취약종 고라니

우리나라에서는 흔하지만
전 세계적으로 멸종 위기에 처한
고라니를 반드시 보호해야 해요.

4:50 / 18:33

우리나라 멸종 위기 야생 동물 2급 삵

삵은 들쥐, 뉴트리아 등을
잡아먹어서 생태계를
안정시켜 주는 멸종 위기 동물로
점점 그 숫자가 줄어들고 있어요.

9:06 / 18:33

우리나라 멸종 위기 야생 동물 1급 검독수리

사람들이 몰래 잡아들이고,
살 곳이 자꾸만 사라져
우리나라 멸종 위기 동물이 되었어요.

11:27 / 18:33

세계 자연 보전 연맹(IUCN) 약관심종 **사막여우**

애완용으로 키우고 싶어 하는 사람들과
여우 털로 외투를 만들어 입으려는
사람들이 마구 잡아들이는 바람에
멸종 위기종이 되었어요.

14:48 / 18:33

멸종 위기 동물을 보호하려면 어떻게 해야 할까요?

환경을 깨끗하게 해야 해!

작은 생명을 소중히 하고 사라져 가는 동물을 보호해야 해!

동물을 함부로 잡으면 안 돼!

16:28 / 18:33

쏙쏙 정보 더하기

동물들이 위험에 처했어요

한 종류의 생물이 완전히 없어지는 것을 '멸종'이라고 해요. 수백만 종의 생물은 세월이 흐르면서 자연적으로 멸종되기도 해요. 하지만 몇 세기 전부터 갑작스러운 기후 변화나 생태계 파괴 등으로 생물들의 멸종 속도가 빨라졌어요. 동물이 멸종 위기에 놓인 것은 사람의 영향이 커요. 사람이 동물을 마구 잡고, 무분별한 개발로 동물의 서식지를 파괴하며 오염물질을 배출하여 기후를 변화시켰기 때문이지요.

동물이 사라지는 것이 왜 문제가 될까요?

지구의 모든 생물은 서로 먹고 먹히거나 도움을 주고받는 관계로 얽혀 있기 때문에 생물의 멸종은 생태계 전체에 심각한 영향을 미칠 수 있어요. 남극의 크릴새우가 사라지면 고래와 같이 크릴새우를 먹고 사는 동물들은 멸종될 수밖에 없어요. 이처럼 한 종류의 생물이 멸종하면 다른 동식물들도 큰 위험에 빠질 수밖에 없고, 더 이상 생태계를 유지할 수 없게 되지요. 이것은 결국 지구의 한 생물 종인 사람도 살 수 없게 만들어요.

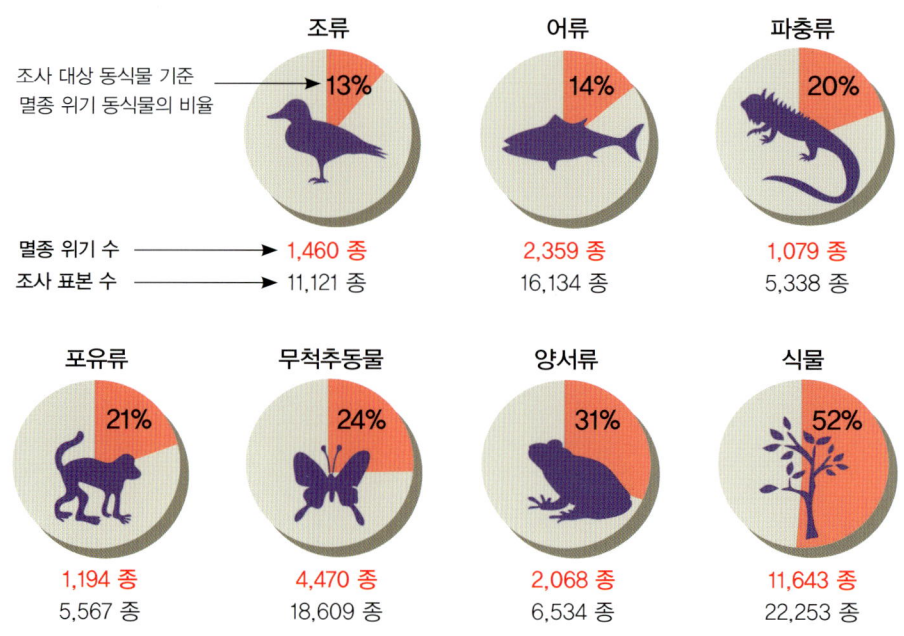

자료 출처 : 세계 자연 보전 연맹(IUCN), 2016

우리나라에 호랑이와 늑대가 살았다고요?

호랑이

우리나라의 옛날 그림인 민화를 보면 호랑이가 많이 나와요. 민화에 나오는 호랑이뿐만 아니라 늑대도 우리나라에 살고 있었다는 사실을 알고 있나요? 조선 시대 때만 해도 호랑이는 흔히 볼 수 있는 동물 중 하나였어요. 하지만 일제 강점기 때 사람들에게 피해만 주는 나쁜 동물이라는 누명을 쓰고 사냥꾼들에게 많이 잡혔어요. 사냥한 호랑이의 가죽은 비싼 값에 팔렸기 때문에 사냥하려는 사람들이 더욱 늘었지요. 또 나라에 도시와 도로가 건설되면서 산이 없어졌고, 호랑이나 늑대 같은 동물들은 살 곳을 잃어 점점 사라지게 되었답니다.

늑대

환경 파괴는 작은 동물도 사라지게 해요

호랑이나 늑대 같은 최상위 포식자가 사라지면서 그들의 먹이였던 작은 동물들이 잘 살게 될 것 같지만 사실 그렇지 않았어요. 덩치가 더 작은 스라소니나 삵, 사향노루, 사슴 같은 동물들은 오히려 멸종되거나 멸종 위기에 처하게 되었지요. 최상위 포식자가 사라졌지만 남아 있는 동물들도 산과 들, 강이 개발되면서 환경이 파괴되어 살 곳을 잃게 되었어요. 또 환경이 오염되어 살고 있던 곳에서 더 이상 살 수 없게 되기도 했지요. 그래서 작은 동물들도 사라지게 되었답니다.

스라소니

대륙사슴

우리나라 멸종 위기 동물은 어떻게 관리하고 있나요?

자연적 또는 인위적인 요인으로 인하여 개체 수가 현저하게 줄어들고 있는 우리나라 멸종 위기 야생 생물은 '야생 생물 보호 및 관리에 관한 법률'로 보호·관리하고 있어요. 1989년 특정 야생 동식물 92종을 지정한 것을 시작으로 2005년에는 멸종 위기 야생 동식물 1급과 2급으로 나누어 지정하였으며, 현재 246종을 지정하여 관리하고 있어요. 2006년에는 멸종 위기 1급 및 2급에 속하는 모든 종에 대한 1단계 전국 조사를 완료하였고, 2007년부터 2011년까지 5년 동안 법정 보호종 221종을 지속해서 관찰하였으며, 2012년부터 2014년까지 3년 동안 멸종 위기 야생 생물 총 261종(지정종 246종, 관찰종 15종)에 대한 관찰을 해 왔습니다.

국립환경과학원 주관으로 실시한 멸종 위기 야생 생물 분포 조사

복원 사업이란 무엇일까요?

멸종 위기종의 복원은 단순히 멸종 위기종을 보호하는 차원을 넘어 대멸종을 막는 길이기도 해요. 우리나라는 1970년대 제주도에서 처음 식물을 대상으로 복원 사업이 이루어졌어요. 그 뒤로 포유류 및 어류 그리고 곤충 등 다양한 생물로 넓혀 가고 있지요. 현재 진행 중인 대표적인 복원 사업은 국립공원관리공단에서 하는 지리산 반달가슴곰 복원 사업이에요. 2000년대 초반부터 시작된 반달가슴곰 복원 사업은 많은 시행착오를 거치면서 자연 정착이 이루어져서 이제는 방사된 곰들이 스스로 수를 늘려 가고 있습니다. 종의 복원은 어느 특정 동물 하나를 다시 만들어 내는 것을 넘어 생태계의 건강과 균형을 살리는 길이기도 합니다.

반달가슴곰

멸종 위기종 보호를 위해 국립생태원이 하는 일을 알아볼까요?

밀수해서 우리나라에 들여오는 멸종 위기 생물은 우리나라 법에 따라 폐기 처분될 가능성이 높아요. 그래서 생태원에서는 이런 생물을 살리고 보호하기 위해 많은 노력을 하고 있어요. 실제 우리나라로 밀수되었던 사막여우 17마리 가운데 병에 걸려 12마리는 죽고 나머지 5마리는 살아나긴 했지만, 고향으로 돌아갈 수 없게 되었어요. 그래서 생태원에서는 사막여우가 살던 고향과 비슷한 사막관에 새집을 마련해 주었답니다. 또한, 한쪽 눈에 녹내장이 있어 버려진 뒤 개한테 물린 순다늘보원숭이가 주민의 신고로 생태원으로 오게 되었는데, 녹내장에 걸려 볼 수 없는 안구를 의안으로 바꾸어 주었어요. 물론 인도네시아가 고향인 순다늘보원숭이는 국제적인 멸종 위기 동물이어서 생태원에서 치료와 함께 보호도 해 주었어요. 이렇게 생태원은 동물들을 보호하고 다친 멸종 위기 동물을 치료해 주기 위해서 에코케어센터를 만드는 한편, 대표적인 '국내 멸종 위기 동물 4종'을 어린이들이 좋아하는 캐릭터로 만들어 멸종 위기종을 알리는 데 앞장서고 있습니다.

우아, 국립생태원에서 멸종 위기 동물을 위해 많은 노력을 하고 있구나.

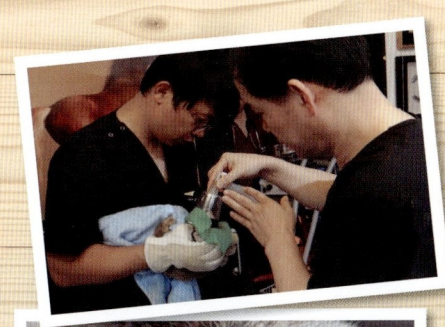

사막여우

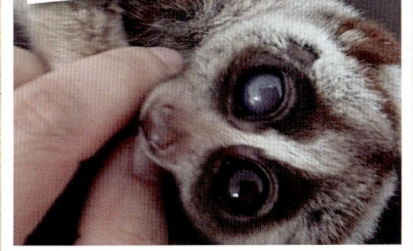

순다늘보원숭이

국립생태원이 들려주는 에코스토리

01 전국 자연환경 조사
나는 독도의 마스코트

02 기후 변화 연구
빙글빙글 물방울의 여행

03 생명 공학 연구
황금쌀과 슈퍼 연어의 비밀

04 외래 생물 관리
하늘천의 무법자 블루길

05 생태계 연구
금개구리 왕눈이의 모험

06 생체 모방 연구
호기심쟁이 수현이와 발명가 삼촌

07 생물 다양성 협력
와글와글 세계 어린이 환경 뉴스

08 생태계 서비스 연구
자연이 주는 선물

09 멸종 위기종 관리
아슬아슬 사라지는 동물

10 지역 생태 협력
철새들의 천국 서천 유부도

11 식물 관리
무럭무럭 쑥쑥 식물 성장의 비밀

12 동물 관리
한밤중 동물 친구들에게 생긴 일

13 생태 교육
푸른이의 두근두근 생태 교실

14 생물 복원
다시 만날 동식물 친구들

15 에코뱅크
신나는 생태 지도 만들기